ADA, LA DESORDENADA

por Patricia y Fredrick McKissack

ilustrado por Richard Hackney

Traductora: Lada Josefa Kratky

Consultante: Dr. Orlando Martinez-Miller

Preparado bajo la dirección de Robert Hillerich, Ph.D.

 CHILDRENS PRESS ®

CHICAGO

Para mamá Bess,

que nunca fue desordenada

Library of Congress Cataloging-in-Publication Data

McKissack, Pat, 1944-
  Ada la desordenada.

  (Mis primeros libros)
  Resumen: Ada por fin arregla su desordenado cuarto.
  [1. Limpieza—Ficción. 2. Comportamiento—Ficción]
I. McKissack, Fredrick. II. Hackney, Rick, il. III. Serie.
PZ7.M478693Me 1987   [E]   87-15079
ISBN 0-516-32083-1

Childrens Press®, Chicago
Copyright © 1988, 1987 by Regensteiner Publishing Enterprises, Inc.
All rights reserved. Published simultaneously in Canada.
Printed in the United States of America.
  2 3 4 5 6 7 8 9 10 R 97 96 95 94 93 92 91 90

Ada, Ada,
la desordenada,

3

¿Qué le pasó a tu cuarto?

Hay libros en la silla,

juguetes dondequiera.

¡Míralo todo! ¡Qué espanto!

7

Ada, Ada, la desordenada,
la ropa no se pone allí.

Hay zapatos en la cama,

un gorro en la puerta.
¡No puedes dejarlo así!

Ada, Ada,
la desordenada,

11

en el cuarto no
puedes comer.
Tazas y galletas . . .

chicle y mermelada . . .
¡Ya no lo puedo ni ver!

15

Ada, Ada, la desordenada,
esto es lo que vas a hacer:

con agua y jabón,

escobas y trapos,

¡a lavar, a pulir y
a recoger!

20

Ada, Ada, ya no
es desordenada.

Quitó el polvo,

lavó el piso,

24   hizo la cama,

recogió

26

y cerró bien la puerta.

Ada, Ada, mira tu cuarto,
y mírate bien.

Tu cuarto está hermoso . . .

¡y tú también!

LISTA DE PALABRAS

a	escobas	mermelada	recoger
Ada	espanto	mira	recogió
agua	está	míralo	ropa
allí	esto	mírate	se
así	galletas	ni	silla
bien	gorro	no	también
cama	hacer	pasó	tazas
cerró	hay	piso	todo
comer	hermoso	polvo	trapos
con	hizo	pone	tu
cuarto	jabón	puedes	tú
chicle	juguetes	puedo	un
dejarlo	la	puerta	vas
desordenada	lavar	pulir	ver
donde	lavó	que	y
el	lé	qué	ya
en	libros	quiera	zapatos
es	lo	quitó	

Sobre los autores

Patricia y **Fredrick McKissack** son escritores, editores y maestros de composición escrita. Son propietarios de All-Writing Services, un negocio situado en Clayton, Missouri. Desde el año 1975, los McKissack han publicado varios artículos de revistas y varios cuentos para lectores jóvenes y adultos. También han dirigido clases de educación y redacción por todo el país. Los McKissack viven con sus tres hijos en una casa remodelada en el centro de la ciudad de St. Louis.

Sobre el ilustrador

Richard Hackney es un ilustrador y escritor de San Francisco, quien se graduó del Art Center School de Los Ángeles, California. Ha trabajado en los estudios de Disney, ha ilustrado una tira cómica y ha sido director artístico publicitario. También se ha desempeñado en el teatro, ha escrito cuentos para niños y actualmente ilustra textos educacionales.

Richard vive con su esposa, Elizabeth, y un gato negro en una casa a la orilla de la bahía de San Francisco.